Django descomplicado:
comandos para iniciantes

Eduardo Higino Verle

Dados Internacionais de Catalogação na Publicação

V62p   Verle, Eduardo Higino.
             Django descomplicado: comandos
             para iniciantes /
             Eduardo Higino Verle. – 2024.
             49 f. : il. color.

             1. Tecnologia. 2. Django. 3.
             Programação. 4. Framework. I. Título.

                                    CDD 005

Sumário

Capítulo 1

Breve histórico do Framework Django

Antes de falarmos sobre o Django, se faz necessário discorrer brevemente sobre a linguagem Python, porque o Django é baseado em linguagem Python. Python é uma linguagem multiparadigma (programação procedural, programação funcional, programação estruturada ou programação orientado a objetos), o projeto de desenvolvimento da linguagem foi e é **Open Source**; a sua primeira versão (versão 0.9.0) foi disponibilizada no início de 1991. E até hoje a linguagem Python é tanto para iniciantes como desenvolvedores experientes, pois ela contempla inúmeras vantagens como: simplicidade e facilidade de uso; versatilidade; grande comunidade e suporte; inúmeras bibliotecas e Frameworks poderosos; portabilidade e integração com outras linguagens entre outras vantagens. Agora que possuímos um rápido embassamento sobre Python podemos discorrer sobre o framework Django.

O framework Django foi concebido pelos desenvolvedores Adrian Holovaty e Simon Willison em 2005 como uma solução para agilizar as atualizações das páginas web de um pequeno jornal em Kansas, nos Estados Unidos da América.

E, ao longo do tempo se tornou um framework de web server-side extremamente popular e repleto de características.

Alguns dos principais recursos são:

- Reutilização e Pluggability: Django promove a reutilização de código através de um design modular. E contempla, componentes como autenticação, administração, formulários e esquema de URLs são altamente configuráveis e pluggable;

- O princípio DRY (Don't Repeat Yourself): Incentiva a não repetição de código, ajudando a aumentar a eficiência e a reduzir o número de erros;

- Interface Administrativa: Vem com uma interface de administração pronta para uso, que pode ser customizada facilmente;

- Segurança: Inclui medidas de segurança contra ataques comuns como SQL injection, cross-site scripting (XSS) e cross-site request forgery (CSRF).

Resumindo, Django é um framework poderoso que simplifica o desenvolvimento de aplicações web complexas, mantendo o código limpo, robusto, escalável e gerenciável.

Sendo o Django um framework popular de desenvolvimento web Python, ele é amplamente utilizado em diversas empresas e projetos. Como, por exemplo:

- Instagram
- Pinterest
- National Geographic
- Dropbox
- Spotify
- The Washington Post
- Mozilla

- Bitbucket

Aqui estão alguns benefícios adicionais que essas empresas podem obter ao usar o Django:

1. Desenvolvimento rápido: O Django oferece uma estrutura pré-definida para desenvolver aplicações web, o que acelera o processo de desenvolvimento.

2. Escalabilidade: O Django é projetado para lidar com grandes volumes de tráfego e dados, tornando-o ideal para aplicações de grande escala.

3. Segurança: O Django oferece recursos de segurança robustos, como

autenticação e autorização, para proteger as aplicações contra ataques.

4. Flexibilidade: O Django permite que os desenvolvedores criem aplicações personalizadas para atender às necessidades específicas de cada empresa.

5. Comunidade ativa: O Django tem uma comunidade ativa e vibrante, com muitos recursos disponíveis para ajudar os desenvolvedores a resolverem problemas e melhorar suas habilidades.

Além disso, o Django também é utilizado em outras áreas, como:

- Educação: Plataformas de ensino à distância, como *Coursera* e *Udemy*.

- Finanças: Plataformas de pagamentos e gestão financeira.

- Saúde: Plataformas de gestão de saúde e telemedicina.

- Governos nacionais, estaduais e municipais: Plataformas de governo eletrônico e serviços públicos.

Capítulo 2

Instalação e configuração do Django

Como o Framework Django é escrito em Python, precisamos ter o Python instalado no sistema operacional na máquina que será utilizada para o desenvolvimento. O Python pode ser obtido no site oficial do projeto (https://www.python.org/downloads/).

Também é recomendado e uma boa prática isolar o ambiente de desenvolvimento, gerando uma melhor organização de desenvolvimento, permitindo ao desenvolvedor utilizar versões específicas de diversos pacotes sem impactar instalações de outras aplicações ou sistemas. E para implementar essa boa prática utilizasse uma técnica chamada de Ambiente Virtual.

2.1- Instalação do Python

Como Python é uma linguagem de plataforma cruzada, significa que pode ser instalado em vários sistemas operacionais, incluindo: Windows (Windows 7 e posterior); macOS (macOS 10.9 e posterior); Linux (várias distribuições, como Ubuntu, Fedora e CentOS).

Tanto no Windows quanto no macOS é só baixar a respectiva versão no site oficial do Python e clicar no executável seguindo o passo a passo. Já no Linux depende de qual distribuição está instalada no computador.

Distribuição Ububtu/Debian é só executar no prompt o seguinte comando: **"sudo apt-get install python3"**,

Distribuição Fedora é só executar no prompt o seguinte comando: **"sudo dnf install python3"**.

2.2- Criação de um Ambiente Virtual

Para isolar as dependências do seu projeto, use o **venv** que vem com o Python. E para realmente criar o virtualenv é muito simples, basta digitar o seguinte comando "python -m venv **nomedovirtualenv"** no bash. Se a criação do ambiente virtual falhar é necessário instalar o seguinte pacote "python3.12-venv".

Após a criação é necessário ativar o ambiente virtual:

- No Windows:

    nomedovirtualenv\Scripts\activate

- No macOS/Linux:

    source nomedovirtualenv/bin/activate

Pronto, agora com instalação do Python e do Ambiente Virtual já instalados podemos iniciar a instalação do Django.

2.3- Instalação do Django

Como o Django possui várias versões, é necessário verificar, antes de iniciar a instalação do Django, qual a versão do Python está instalada no computador que será desenvolvido o projeto. A imagem 1 mostra exatamente a relação de suporte entre Django e Python.

Versão do Django	Versões do Python
3.2	3.6, 3.7, 3.8, 3.9, 3.10 (adicionado na versão 3.2.9)
4.0	3.8, 3.9, 3.10
4.1	3.8, 3.9, 3.10, 3.11 (incluído na 4.1.3)
4.2	3.8, 3.9, 3.10, 3.11, 3.12 (adicionados na 4.2.8)
5.0	3.10, 3.11, 3.12
5.1	3.10, 3.11, 3.12, 3.13 (added in 5.1.3)

Imagem 1 – Fonte: Documentação do Django

Após a verificação da compatibilidade de versão com o Python e ativação do ambiente virtual, já podemos instalar o Django usando o comando PIP.

Então vamos lá, basta digitar o seguinte comando **"pip install django"** no bash e o Django será instalado.

Realizado a instalação, podemos verificar se foi instalado corretamente o Django através do comando **"django-admin --version"** no bash.

Para finalizar, como este livro foi escrito em 2024, a versão do Python instalada foi a 3.12. E, portanto ao realizar a instalação do Django com o comando "pip install django", o resultado da execução do comando "django-admin --version" deverá retornar no prompt o seguinte "5.1.3". Ou seja, retornando uma resposta com versão de Django é porque foi instalado corretamente.

Esses são os passos básicos para configurar um ambiente de desenvolvimento Django. A partir daqui, você pode começar a desenvolver sua aplicação.

Capítulo 3

Estrutura/Arquitetura de um projeto Django

O Django, é composto por vários componentes que simplificam o desenvolvimento de aplicações web, e ele é baseado na aquitetura MVT (Model-View-Template), simplificando a estrutura e centralizando responsabilidades na camada View. O MVT é uma variação do padrão MVC (Model-View-Controller) e é composto pelos três componentes principais que são:

1. **Model (Modelo)**: Esta camada é responsável pelo mapeamento do banco de dados. Os modelos definem a estrutura dos dados e as operações que podem ser realizadas sobre eles. No Django, os modelos são definidos como classes Python e utilizam a ORM (Object-Relational Mapping) do framework para interagir com o banco de dados.

2. **Template (Template)**: Esta camada lida com a apresentação dos dados. Os templates são arquivos HTML que contêm placeholders para os dados

dinâmicos que serão renderizados. Eles permitem separar a lógica de apresentação da lógica de negócios, facilitando a manutenção e a organização do código.

3. **View (Visão)**: A camada de visão é responsável pela lógica de negócios e pelo processamento das requisições. As views recebem as requisições HTTP, interagem com os modelos para obter os dados necessários e retornam uma resposta apropriada, geralmente renderizando um template com os dados obtidos.

Resumindo o funcionamento do modelo, quando o usuário faz uma requisição pelo navegador web, ele utiliza uma rota que é executado por um método da **View**, que por sua vez utiliza o **Model** para acessar o banco de dados e retornar as informações. Estas informações são renderizadas pela camada de **Template** e, finalmente, é renderizado para o usuário no navegador.

Além dos principais componentes citado acima o Framework Django oferece um vasto repertório de componentes que tornam o Django um framework poderoso e flexível para o desenvolvimento de aplicações web.

Outros dos principais componentes que agregam o framework:

1. **Interface Administradora**

O Django oferece uma interface administrativa pronta para uso, permitindo que os desenvolvedores administrem os dados da aplicação gerada de forma fácil e intuitiva. Podendo ser facilmente personalizada a interface.

2. **ORM (Object-Relational Mapping)**

O ORM do Django permite a interação com o banco de dados usando classes e objetos Python, sem precisar escrever SQL diretamente. Isso facilita a manipulação de dados e torna o código mais limpo e fácil de manter.

3. URL Dispatcher

O Django inclui um sistema de roteamento que mapeia URLs para funções de view. Isso permite criar URLs limpas e legíveis, fazendo assim uma separação da lógica de roteamento da lógica de apresentação.

4. Formulários

O Django inclui um sistema de formulários robusto que facilita a criação e validação de formulários HTML. E automaticamente são renderizados os formulários, validações de dados e manipulações de erros.

5. Autenticação e Autorização

O Django fornece um sistema completo de autenticação e autorização, incluindo registro, login, logout, e gerenciamento de permissões de usuários.

6. Internacionalização e Localização

O Django, também, suporta internacionalização e localização, permitindo que você crie aplicações que podem ser facilmente traduzidas e adaptadas para diferentes idiomas e regiões.

7. Cache

Oferece suporte a várias estratégias de cache, ajudando a melhorar o desempenho da aplicação ao armazenar respostas de forma temporária.

8. Middleware

O middleware no Django permite processar solicitações e respostas em várias camadas, adicionando funcionalidades como segurança, compressão, e autenticação de maneira modular.

9. Segurança

O Django inclui várias funcionalidades de segurança por padrão, como proteção contra CSRF (Cross-Site Request Forgery),

XSS (Cross-Site Scripting), e SQL injection, ajudando a proteger sua aplicação contra ataques comuns.

A imagem 2 ilustra perfeitamente a arquitetura (MVT) que forma o Framework Django.

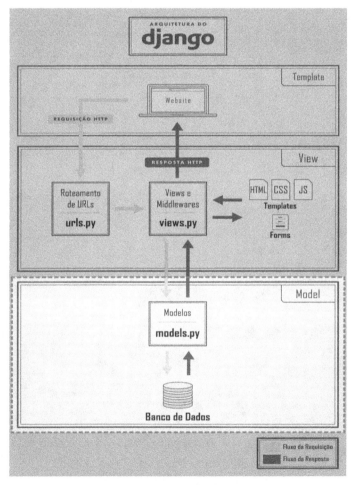

Imagem 2 – Fonte: Python Academy

Capítulo 4

Principais comandos do Django

Este capítulo de fechamento do livro será voltado para você conseguir iniciar e manipular um projeto em Django. Porém são comandos básicos, pois o propósito do livro é um guia rápido para prover a infraestrutura em Django.

Então vamos dar início aos comandos básicos; o primeiro comando é para realizar a criação de um novo projeto, e para isto usaremos o seguinte comando do "django-admin" no bash.

» django-admin startproject **nome_do_projeto**

O segundo comando é para iniciar a execução do servidor de desenvolvimento, que também é executado no bash.

» cd nome_do_projeto

» python3 manage.py runserver

Após a execução do comando acima, você deverá acessar o endereço localhost:8000 que nada mais é que o endereço padrão para visualizar a página de boas vindas do Django. Aparecendo a página de boas vindas como mostra a imagem 3 significa que o servidor está rodando corretamente.

O terceiro comando serve para criar um novo aplicativo dentro do projeto criado. Sempre lembrando que os comandos são digitados no bash com o ambiente virtual ativado.

» python3 manage.py startapp **novoapp**

Para o sistema acessar este novo aplicativo criado, é necessário adicionar esta nova app no arquivo "**settings.py**" na seção INSTALLED_APPS.

Imagem 3 – Página de boas vindas do Django

Antes de mostrar o quarto comando é necessário esclarecer que o Django vem por padrão configurado para utilizar o banco de dados SQLite, mas você pode configurar outros bancos de dados como PostgreSQL, MySQL, Oracle, etc. Basta modificar as configurações de banco de dados no arquivo

"settings.py" de acordo com o banco de dados que você deseja utilizar no projeto.

O quarto comando básico, serve para criar/atualizar as tabelas necessárias no banco de dados de acordo com a modelagem que foi feita na camada **models** de acordo com a arquitetura (MVT). O comando também é responsável pelo gerenciamento do esquema do banco de dados ao longo do ciclo de vida do projeto.

» python3 manage.py migrate

O quinto, e último comando básico, serve para criar um usuário administrador (superusuário), este usuário tem permissões completas para acessar o painel administrativo do Django.

```
» python3 manage.py createsuperuser
```

E, para finalizar, o painel administrativo do Django pode ser acessado através do navegador em http://localhost:8000/admin/ ou na URL correspondente do seu projeto, sempre lembrando que o login deve ser com as credenciais do superusuário

Pronto, você já tem seu Django instalado e funcionando. Pode agora começar a programar e se divertir com o seu framework.

Resumo dos principais comandos Django

Criar um Novo Projeto

• Cria uma nova estrutura de diretórios para um projeto Django.

```
django-admin startproject nome_do_projeto
```

Criar um Novo Aplicativo

• Cria a estrutura de diretórios para um novo aplicativo dentro do projeto.

```
python3 manage.py startapp nome_da_app
```

Executar o Servidor de Desenvolvimento

• Inicia o servidor de desenvolvimento local para testar o projeto.

```
python3 manage.py runserver
```

Criar/atualiza tabelas no Banco de Dados

• Ao executar esse comando, o Django verifica todas as migrações pendentes e as aplica ao banco de dados.

```
python3 manage.py migrate
```

Criar o usuário administrador Django

• Cria o usuário administrador (superusuário).

```
python3 manage.py createsuperuser
```

Conclusão

Ao longo deste livro, exploramos os fundamentos do Framework Django, desde o histórico do Django, a relação Django/Python, como Django oferece um vasto conjunto de ferramentas e recursos até as configurações básicas de instalação do framework. Discutimos como o Django desenvolvimento pode web, simplificar promovendo o boas práticas e permitindo a criação de aplicativos robustos e seguros.

Esperamos que este livro tenha fornecido uma base sólida para você iniciar sua jornada com Django. Lembre-se de que o aprendizado contínuo é essencial no campo da tecnologia; por isso você deve continuar explorando a documentação oficial, participando de comunidades online e experimentando novos projetos.

Com dedicação e prática, você estará bem equipado com este framework poderoso para enfrentar qualquer desafio no desenvolvimento web. Que seu caminho com Django seja repleto de descobertas e sucessos!

Agradecimentos

Gostaria de agradecer aos meus pais pela educação e formação acadêmica que me proporcionaram, e minha esposa pelo carinho e paciência ao longo da vida.

Para saber mais

Algumas sugestões para se aprofundar no Django:

Django Girls: Uma organização sem fins lucrativos que ensina mulheres a programar com Django.

OpenStack: Uma plataforma de computação em nuvem que utiliza Django em parte de sua infraestrutura.

Django CMS: Um sistema de gerenciamento de conteúdo construído sobre Django.

Wagtail: Um CMS construído sobre Django, utilizado por diversas empresas e organizações.

Sentry: Uma plataforma de monitoramento de erros que utiliza Django em sua infraestrutura.

"Django for Beginners" por William S. Vincent: Este livro é recomendado para iniciantes e cobre os fundamentos do Django, inclui a criação de projetos e aplicativos, modelos, visualizações e templates.

"**Django 3 By Example**" por Antonio Mele: Este livro é ótimo para quem já possui alguma experiência com Django e quer aprender através de exemplos práticos. Ele aborda a criação de projetos reais, como um blog, uma loja online e uma plataforma de e-learning.

"**Two Scoops of Django 3.x**" por Daniel Roy Greenfeld e Audrey Roy Greenfeld: Este é um guia avançado que oferece dicas e melhores práticas para o desenvolvimento com Django. É altamente recomendado para desenvolvedores que querem aprofundar seus conhecimentos e melhorar suas habilidades.

Documentação Oficial do Django: A documentação oficial sempre é uma excelente referência. Pois detalha e referencia todos os aspectos do framework, aborda maneiras de instalação até o desenvolvimento avançado.